COUR D'ASSISES,

Conspiration de la rue des Prouvaires,

Audiences des 12 et 13 Juillet 1832.

A M. GISQUET,

PRÉFET DE POLICE,

CONSEILLER D'ÉTAT, MEMBRE DE LA LÉGION D'HONNEUR.

> Mentiris impudentissime.

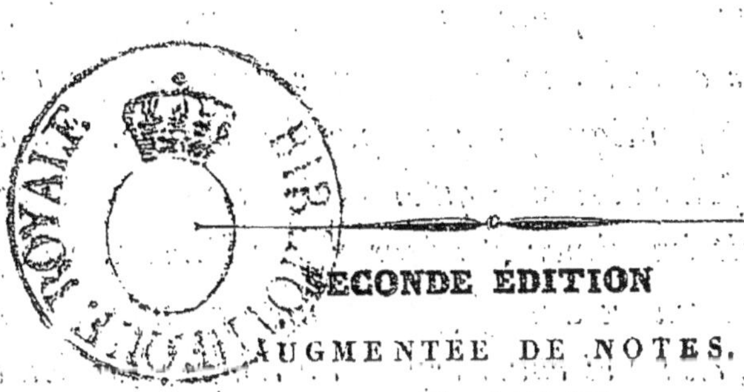

SECONDE ÉDITION

AUGMENTÉE DE NOTES.

PARIS,

IMPRIMERIE DE J.-S. CORDIER FILS,

RUE THÉVENOT, N°. 8.

1832.

PRÉFACE.

Beaucoup de mes amis politiques et de personnes très-recommandables, m'ont reproché de n'avoir pas donné de renseignemens suffisans sur certains passages de cette lettre à M. Gisquet, et d'avoir ainsi laissé un champ trop vaste aux fausses interprétations. « Il ne faut pas, m'ont-ils dit, écrire pour nous » seuls, mais encore pour ceux qui ne vous connaissent » pas. » Ces conseils m'ont paru sages, et je tiens trop à l'estime publique pour ne pas les suivre. Toutefois, je dois faire observer qu'en moins de douze heures j'ai écrit, fait imprimer et déposer à la Direction de la Librairie la brochure dont je publie une seconde édition, et je n'ai pu, en un si court espace de temps, lui donner tout le développement dont elle était susceptible ; cependant, je la reproduis textuellement, ne voulant pas altérer le cachet de vérité dont elle est empreinte, et je me contente d'y ajouter des notes explicatives qui sont imprimées à la suite, et auxquelles renvoyent des numéros d'ordre.

A M. GISQUET,

PRÉFET DE POLICE.

Nous sommes encore en présence, Monsieur, mais, cette fois, nous plaidons devant le tribunal de l'opinion publique, et ma voix ne sera plus étouffée.

Vous avez nié m'avoir reçu dans votre cabinet le 1er février.

Vous avez nié avoir donné des ordres pour livrer des armes aux conjurés de la rue des Prouvaires.

Vous avez dit que j'étais alors consigné à votre porte.

Vous avez dit que vous aviez dû me destituer parce que je n'étais pas digne de confiance.

Vous avez dit que j'avais voulu spéculer sur la publication d'un libelle contre vous.

Je répète mon épigraphe :

Mentiris impudentissime.

Procédons chronologiquement.

Quand vous avez mis les pieds à la Préfecture, vous m'avez fait des propositions telles, que vous préludiez pour ainsi dire à la résurrection de votre édit de 1666. J'ai fait comme les médecins, j'ai protesté. Peu de jours après, vous avez pris texte de mon opposition à l'avancement d'un employé qui avait été secrétaire intime de M. Mangin, pour me dire que vous ne vouliez pas de censeur de vos arrêtés, et sans oser me destituer ouvertement, vous avez supprimé mes fonctions (1).

Peu après, un piège adroit m'a été tendu ; on voulait m'engager dans la publication d'un libelle contre ce que vous appelez des chagrins domestiques. En vous faisant part de ces offres, j'ai pensé remonter à leur source ; mais rien n'a paru, que je sache (2).

(3) Plus tard, un sieur Dermenon est venu me faire part d'un complot contre la sûreté de l'état. Je ne lui ai pas donné foi ; mais sur des indices précis, je me suis rendu auprès de vous, et je suis entré dans votre cabinet à la lecture des lignes suivantes.

Monsieur le Préfet,

« Laissons de côté toute question de personnes ; je
» désire vous entretenir immédiatement sur un objet
» qui intéresse l'ordre public. »

Vous niez tout ce qui a suivi ; vous niez m'avoir
reçu, m'avoir vu, m'avoir parlé.

Cependant vous avouez avoir vu, reçu et écouté
Dermenon. Passons, nous reviendrons.

Dans la nuit du 1er. au 2 février, vous *opérez*. Pour
récompense, vous êtes fait conseiller d'état, et votre
chef de police municipale obtient la croix d'honneur.
Le procès s'instruit.

Le 3 février, Dermenon est arrêté pour avoir oublié son portefeuille dans le fiacre qui lui a servi à
porter les armes rue des Prouvaires.

Je vous écris aussitôt pour vous dire que ce nouveau prisonnier et ce Dermenon du 1er. février,
sont la même personne ; il est de suite relâché, mais
la production de son dossier vous révèle sa position qui
le place sous l'arbitraire de votre administration.

Vous exigez qu'il fasse une dénonciation légale
contre les accusés ; il s'y refuse, car sa déposition
doit être complète, et elle ne peut l'être qu'en vous
compromettant. Il semble avoir eu plus que vous,
Monsieur, le sentiment de votre position.

Sur ces entrefaites, j'eus l'honneur de voir M. le
Baron Athalin. En homme d'honneur, il repoussa, et
il ne put adopter l'idée que vous aviez provoqué à
la sédition, en faisant ou laissant livrer des armes à
ces conjurés qui devenaient dès lors criminels, de
mécontens qu'ils étaient.

Je le quittai en proie à un doute affligeant pour son
... c'était le 14 février, au matin. La *Gazette de*
... et plusieurs journaux du lendemain ont an-
... sans avoir été démentis, que vous, Monsieur,
aviez donné votre démission de Préfet de police,
ce qui paraissait inexplicable. Je crus avoir alors été
un peu dans la confidence de vos vrais motifs ; quoi-
qu'il en soit, ce marché mis à la main, ne fut pas

accepté, mais vous avez adopté une autre marche dans la conduite de l'instruction.

Dermenon vous appartenait par voie administrative, il fut arrêté de nouveau sous plusieurs chefs d'accusation; mes idées se reportèrent de suite sur l'infortuné Randon, de Bordeaux, qui dans une affaire semblable, périt sur l'échafaud, après avoir obéi aux ordres de l'autorité.

Plus Dermenon était sans défense, plus je dus mettre d'instance à l'arracher à l'arbitraire de votre administration, noûvelle Tauride qui dévore les malheureux qui en deviennent tributaires. Mais déjà la calomnie, habilement façonnée, avait muré pour moi toutes les portes ; le château m'était interdit, le ministère était sourd et vous, Monsieur, insensible et inabordable. Toutefois, je ne me rebutai pas.

Je ne voulais pas encore confier mes plaintes et mon indignation à la presse ; plus ma position vis-à-vis vous s'approchait de la personnalité et plus je devais mettre de réserve dans ma conduite. Je m'adressai à quelques membres de la Chambre des Députés qui me connaissaient assez pour ne pas se méprendre sur la nature de mes relations passagères avec vous, le 1er. février. Voici le conseil que je reçus :

« M. Poultier, qui est chargé de l'instruction, est
» un homme d'honneur, estimé, voyez-le, dites tout
» et vous obtiendrez justice ».

Je vis de suite M. Poultier : cet honorable magistrat recula en quelque sorte devant la consignation des faits que je citais, mais appréciant la discrétion de Dermenon, il fut convenu que celui-ci, sans charger M. le Préfet, corroborerait ce qu'avait déjà déposé l'un des accusés, et qu'il sortirait aussitôt. Quant à moi, on ne prit de ma déposition que ce qu'il fallait pour justifier ma présence dans le cabinet du juge ; M. Poultier me dit même : vous ne tenez pas à inculper M. le Préfet de police ? — Non, répondis-je, tout ce que je veux, c'est la liberté de

Dermenon, acte éminemment juste. Je me réserve de parler aux débats, si j'y suis appelé.

Dermenon sortit après une ordonnance de non-lieu à suivre, rendue aussitôt en sa faveur. En passant, je rendrai témoignage à la bonne volonté dont M. Carré, aujourd'hui avocat-général, mais alors simple substitut du procureur du Roi, fit preuve en secondant mes efforts.

Ces courtes observations suffisent pour expliquer la différence qui existe entre ma *déposition écrite et non provoquée*, et ma déposition orale qui eut lieu en cour d'assises, où j'ai été appelé en vertu du pouvoir discrétionnaire.

Dites-moi maintenant, Monsieur, si, n'ayant pas la vérité pour moi, je n'aurais pas été depuis long-temps poursuivi comme faux témoin, et si j'aurais réussi dans mes démarches, tant entravées? Cette instance de ma part pour arracher à votre arbitraire un homme qui vous fut si utile, partait de motifs que je ne vous crois pas capable d'apprécier, mais que je laisse à juger au public.

Vous m'avez, dites-vous, consigné à la porte de la Préfecture; en cela, vous dites vrai sans cependant faire votre éloge; mais encore une fois procédons par ordre de dates et ne confondons pas.

L'affaire des 5 et 6 juin eut lieu : je parcourus les cours; je vis les prisons du dépôt; quelques bureaux; j'appris et révélai certains faits *épouvantables*; je devins un nouveau sujet d'aversion pour vous, qui, oubliant que votre administration est publique, m'en avez exilé; je me ris de cet ostracisme en pensant combien vous différez de ce fonctionnaire romain qui désirait que sa maison fût de verre; mais cette consigne ne remonte pas plus haut; vous n'y aviez pas encore pensé : vous vous façonnez chaque jour.

Vous ne me croyez pas digne de confiance, de la vôtre sans doute, et je m'en honore, puisqu'il me faudrait accepter l'infâme obligation d'obéir à l'ordonnance de 1666. Mais par vous, par votre opinion personnelle, je reste toujours digne de la confiance publique.

Le 5 juillet vit commencer les débats de la conspiration dite de la rue des Prouvaires : j'étais si peu en proie aux sentimens de vengeance que vous me prêtez, que je n'ai rien fait pour être entendu, et que j'ai refusé des offres qui m'ont été faites pour un écrit de ce que je savais.

Appelé par suite des débats, je n'ai pû et dû rien cacher ; Dermenon arrêté comme faux témoin, a été relâché aussitôt après mon audition. Vous lui aviez donné un démenti, il en avait appelé à mon témoignage. A mon tour, Monsieur, vous m'avez taxé d'imposteur, et avez bâti de jolies fables sur mes procédés à votre égard ; cependant dans ma déposition, je vous montrais tâtonnant dans la voie de l'illégalité ; il est vrai que je me reportais à quelques semaines avant la mise de Paris en état de siége !

De nous deux, Monsieur, l'un est un imposteur. Me Hennequin, avec cette logique et cette dialectique pressante qui distinguent toujours l'honnête homme, a posé des conclusions tendantes à l'audition des neuf témoins que je voulais produire pour établir de quel côté était la vérité. Cet avocat vous fit sentir que le dédain que vous affectiez pour moi, ne suffisait pas, et que votre dignité comme homme privé et comme magistrat, exigeait que ces témoins fussent entendus. Quelle belle occasion vous aviez de sortir cette fois, pur de l'enquête judiciaire et de vous venger de moi, qui ose vous dire « vous avez donné » ordre de livrer des armes aux conjurés, connais- » sant leurs projets ! » Mais cette occasion, vous l'a- vez laissé échapper, vous avez cru votre honneur et votre dignité tellement à l'abri du soupçon, que dans votre âme vous n'avez entendu aucun cri de générosité vous dire : « je joins ma voix à celle de Me Hennequin pour confondre mon accusateur et lui laisser la tache ineffaçable d'un mensonge public ».

Au bout de votre dénégation, il y a du sang !!

Oh ! Monsieur, qu'ils seront poignans pour vous, les jours qui survivront au pouvoir dont vous êtes revêtu. Que ce ne sera pas cet arrêt d'incident qui pourra convaincre l'esprit public, et vous obtenir cette estime générale, sans laquelle on ne peut vivre. Mais que sert de vous tenir ce langage, vous avez été sourd à la voix de l'honneur que faisaient entendre les défenseurs de 56 accusés, qui ont leur tête à défendre ?

Ainsi, Monsieur, de nous deux, c'est moi qui ai le droit de vous répéter :

Mentiris impudentissime.

Je ne puis rester volontairement sous le poids de l'idée de faux témoin, ni en accepter même tacitement la possibilité. Ma position n'est pas de mon choix, et je suis forcé de respecter l'arrêt qui m'a interdit l'audition de mes nombreux témoins, en grande partie vos subordonnés; mais vous, Monsieur, vous avez accepté toutes les conséquences de la situation où vous place cet arrêt, vous avez lâchement et oreille basse, déserté l'audience et reculé devant mes preuves; ce n'est donc pas moi qui ai menti à l'honneur, à la justice, à la vérité, mais c'est vous, homme téméraire! qui sacrifiez tout à votre amour propre. Oh ! l'arrêt est-là, il pesera, sollicité par vous, de tout son poids, sur votre carrière, vous magistrat d'une grande cité, vous dont la réputation devrait être comme celle de la femme de César, à l'abri du soupçon ?

Des notes avaient été fournies à M. le président contre moi, et j'y répondrai en peu de mots : Mon procès d'enlèvement de mineure, me fut intenté en 1822, sous M. Bellart, je le gagnai aisément, et je ne me crois pas plus deshonoré dans cette circonstance que ne l'est l'un des ministres actuels, l'un de vos proches parens. (4) Ces récriminations, qui ont lieu de surprendre dans la bouche d'un magistrat accoutumé à respecter les décisions du jury, sont de pauvres moyens pour atténuer la force de mes accusations contre vous. Il en est de même de cette imputation d'un sieur Tissot, professeur d'éloquence latine , sur mes prétendues relations avec la police de la restauration.

Je suis d'autant plus surpris de l'erreur dans laquelle est tombé cet ancien écrivain du ministère , qu'il a toujours été en position de connaître les agens secrets ou avoués de toutes les polices, depuis l'empire jusqu'à la vôtre, Monsieur, qui n'est pas la moins nombreuse de toutes. (5) Oh! fouillez, Monsieur, tous les cartons les plus secrets de la police , et tâchez de trouver le plus léger indice à l'aide duquel vous puissiez me convaincre de mensonge. A ce prix, je passe condamnation et suis prêt à crier sur les toits que vous, Monsieur Gisquet, êtes un homme d'honneur et de probité.

Pourquoi vous êtes-vous tû, pourquoi aussi la justice a-t-elle été muette sur mes antécédens politiques? (6, Craignait-on de prouver que j'ai toujours su souffrir pour la vérité, et que de tout temps j'ai poursuivi dans le pouvoir, lorsque je les y ai rencontrés, l'arbitraire, la ruse, l'impudeur et la mauvaise foi; voilà mes véritables antécédens, ceux de ma virilité, et non pas une peccadille de jeunesse. L'arrêt d'incident est une barricade derrière laquelle votre honneur n'est pas inexpugnable.

Je termine enfin ce que j'avais à répondre à vos dénégations audacieuses; je les repousse sans m'en affliger car, après tout, armé de votre refus d'entendre mes témoins

Ne point s'en amuser serait d'un imbécile.

Je reste toujours, Monsieur,

Votre persévérant accusateur,

P. BARTHELEMY.

Paris, 14 juillet 1832.

NOTES

EXPLICATIVES.

(1) Ce passage fait allusion aux motifs de ma sortie de la préfecture. M. Vivien m'avait nommé inspecteur de l'imprimerie et de la librairie ; mais mes relations avec les artistes et les gens de lettres ne me laissant pas toute la liberté désirable pour l'exercice de cet emploi, je refusai, par lettre qui porte la date même de ma nomination, de l'exercer. Ce préfet sentit mes raisons, et me chargea de la simple analyse des journaux. M. Gisquet trouva ces analyses décolorées, parce que je ne mettais aucun fiel ni aucun esprit incriminatoire dans ce travail ; et, courroucé de mon retard à lui rendre les hommages d'usage à la nomination d'un nouveau préfet, il me reprocha la négligence de l'inspection dont j'étais chargé. Mon explication ne le satisfit pas. Bientôt, des nominations et avancemens qu'on n'avait pas le droit d'attendre d'un pouvoir sorti des barricades, provoquèrent mes observations consignées dans le journal *la Tribune*, avec lequel je n'ai eu occasion de correspondre que cette fois. M. Gisquet, sur le rapport secret qui lui en fut communiqué, n'hésita pas à prononcer mon renvoi. C'est là ce qu'il appelle, dans sa déclaration à la Cour d'assises, audience du 13, « les rensei- »gnemens qui me furent donnés sur M. Barthelemy n'ayant »pas été favorables, je le congédiai. » Or, un mot sur la source de ces renseignemens : je n'avais nul rapport avec les bureaux ; je n'avais affaire qu'au préfet ; mais, dans le cabinet particulier, j'avais souvent rencontré un petit monsieur qui se donne d'autant plus d'importance qu'il est d'une nullité complète, et plusieurs fois je l'avais plaisanté. Il obtint, au changement de préfet, un avancement qui fut qualifié de *monstrueux*. Or, ce petit monsieur, ayant, ainsi que M. Vidoc, le sieur Souchet, etc., mérités la confiance de M. Gisquet, qui ne veut autour de lui, comme on on voit, que des gens honnêtes, se hâta de fournir des renseignemens sur moi. Et voilà comme les préfets s'éclairent, c'est-à-dire M. Gisquet, c'était en octobre dernier.

(2) Ce paragraphe, à lui seul, mérite une explication, parce

qu'il me paraît obscur, de trop concis que je l'ai fait, et qu'il ne répond pas suffisamment au passage de la déposition de M. Gisquet, relatif à un prix que j'aurais mis à la non-publication d'un libelle contre lui. Or, voici de quoi il s'agit : avant l'invention du *Bonhomme Richard* et de la *Constitution de 1830*, etc., il se vendait une petite feuille composée des extraits des journaux les plus favorables au gouvernement; la police aidait à cette spéculation, connue dans l'imprimerie sous le nom de *canard*. Deux imprimeurs l'avaient, mais ils ne la faisaient pas pour leur compte ; ils avaient loué chacun une presse à des ouvriers. Peu après ma révocation, l'un de ces ouvriers, du nom de Dupont, par je ne sais quelle combinaison obscure, fut nommé agent secret de bas étage, et obtint seul l'exploitation du canard. Ce fut dans ces circonstances, qui me furent confidentiellement révélées, que l'on me proposa de faire imprimer chez Chassaignon, où travaillait ce Dupont, un petit récit qui se serait vendu dans les rues; on m'en donna même le texte à corriger. Je le lus et vis aisément que, bien qu'on ne donnât aucun nom propre, il s'agissait de révéler l'inconduite d'une jeune personne qui s'était fait deux fois enlever, qui vivait avec son cousin, officier en activité, et qui venait d'être enfermée aux dames Saint-Michel, par ordre de son père, grand personnage. On mêlait au récit des allusions à un marché honteux de fusils, et on entrait dans tous les détails qui constituaient la diffamation la plus complète. Je gardai ce manuscrit deux jours, et je me décidai à consulter ironiquement M. Gisquet sur l'usage que je devais en faire. Ce monsieur a trop d'esprit pour ne pas avoir vu que j'avais deviné le piége qu'on m'avait tendu, et l'affaire en est restée là. Pressé par ma déposition, M. Gisquet a trouvé que donner le change sur cette lettre est *un moyen comme un autre.*

M. Gisquet a parlé d'une lettre acerbe que je lui aurais adressée en *épreuve*. Cette lettre qu'il a reçue *manuscrite*, que j'ai déjà fait imprimer quelque part, et qui lui accusait réception de l'arrêté de ma destitution, est ainsi conçue :

« Monsieur le préfet,

» Vous avez pris contre moi un arrêté *ab irato*. J'attends plus de justice de votre prochain successeur. Je me vois délié de toute obligation envers votre administration, et maintenant recommence pour moi un rôle que j'ai rempli pendant douze ans : je rentre dans l'opposition

» Long-temps j'ai combattu les carlistes ; ils m'ont emprisonné et ruiné ; il vous appartenait de me prouver la vérité de tout ce qui bourdonne à nos oreilles : que le gouvernement actuel leur sacrifie encore le peu de patriotes qui étaient en fonctions.

« J'ai refusé d'être espion et délateur : votre arrêté du 22 de ce mois prouve qu'un homme d'honneur ne saurait vous convenir.

» P. Barthelemy.

« Paris, 22 octobre 1851. »

(3) Ce fut peu de semaines après cette tentative que le sieur Dermenon vint me faire part du complot de la rue des Prouvaires, mon premier mouvement a été de le repousser sous prétexte qu'il était trop vague dans ses assertions; mais il revint à la charge en me citant des noms propres, m'indiquant des lieux de réunion, des mots d'ordre, de raliement, enfin tout ce qui constitue une conspiration. Je le dis ici hautement et sans crainte d'être démenti par ceux qui me connaissent, tout autre que Dermenon fût venu me trouver, je l'aurais éconduit, mais ici, et avec la méfiance que j'entretenais sur la moralité d'une police à la tête de laquelle se trouvait un M. Gisquet, je devais être sur mes gardes. A tort, sans doute, j'ai supposé alors Demenon un émissaire perfide, mais je ne pouvais sans danger pour moi le repousser de nouveau. Il était précis, circonstancié dans ses dires; si je me taisais, le lendemain de l'affaire, je pouvais être arrêté comme ayant eu connaissance d'un complot dont je n'aurais pas donné connaissance à l'autorité. Aujourd'hui enfin, je serais sur les bancs sous le poids d'une semblable accusation, au moins j'avais à le craindre, tant par rapport à l'individu qui me parlait que par rapport à ma position personnelle vis-à-vis le préfet de police Gisquet.

J'engageai Dermenon à voir le préfet, il me demanda à l'accompagner, et j'y fus sans la moindre hésitation. Ici mes amis me font le reproche d'avoir accepté le mandat qui me fut donné par M. Gisquet de recevoir, pour les lui transmettre, les confidences que Dermenon pourrait me faire dans l'exécution des ordres que lui donnait le préfet : oui, sans doute, mes amis ont raison. Après avoir introduit et laissé parler Dermenon, je devais me retirer; mais de ce que j'ai eu ce tort, s'ensuit-il que j'aie trempé dans un sale tripotage de police ? L'homme n'est pas toujours le maître de sa position, et sans vouloir repousser le reproche de légèreté que je mérite dans cette circonstance, j'avouerai que j'étais secrètement poussé par le désir vague de savoir ce que ferait et comment se conduirait l'autorité, bien résolu intérieurement à ne jamais dévier de mes principes d'indépendance et d'honneur.

Je n'ai reçu la confidence d'aucun accusé, j'ai été témoin de révélations étranges et d'ordres encore plus étranges; je n'ai été l'exécuteur d'aucune consigne, j'ai été en quelque sorte un automate; je n'ai demandé ni reçu de récompense, et lorsque le moment est venu de dire ce que je savais, je l'ai dit avec abandon, sans calcul, sans crainte, sans haine, et convaincu que le public m'absoudrait comme ma conscience m'absolvait, car il n'est jamais entré dans ma pensée de tirer parti de ma position, dans cette circonstance si pénible pour moi, j'ai l'orgueil de penser que j'ai servi mon pays, en stygmatisant une administration immorale. Il y a même ceci de remarquable dans ma conduite, que quelques personnages peu charitables veulent condamner, c'est que je n'ai jamais été plus actif quelorsque j'ai vu que le génie infernal de la police voulait perdre Dermenon. Cet homme a été arrêté dans l'instructton, j'ai tout fait pour le sauver, non pas parce que je l'ai trouvé irréprochable, mais parce qu'à mes yeux il y avait infamie à briser un instrument dont on s'était servi. A l'audience du 13 juillet, j'étais rentré chez moi après quatre heures, et je ne me souciais pas d'obtempérer de suite à l'ordre discrétionnaire de M. le président Taillandier, je préférais attendre au lendemain. Une personne, attachée à la police, vint me prévenir que Dermenon était arrêté à l'audience comme faux témoin, pour avoir inculpé le préfet Gisquet qui lui avait donné un démenti, et m'engager à *me régler là-dessus*. A cette nouvelle, je n'hésitai pas, et loin de reculer ma déposition, je la fis en termes clairs et précis. Certes, ma conduite dans cette circonstance doit expier ma légèreté au 1er février.

Une dernière objection peut m'être faite. Au 1er février, je pouvais vouloir rentrer en grâce; aux 12 et 13 juillet je pouvais être soupçonné de n'avoir démasqué M. Gisquet que par esprit de vengeance.

Si j'ai agi par calcul, au premier février, et après ma lettre positive du 22 octobre, il faudrait représenter une seule demande de moi rédigée en ce sens, et alors convenir que je serais le seul que dans cette affaire le gouvernement aurait oublié et abandonné.

Si j'ai agi par esprit de vengeance, aux 12 et 13 juillet, après les dépositions connues de M. Gisquet, Préfet, et de Dermenon en état d'arrestation il faut convenir que j'ai été bien sot de sacrifier bénévolement mes intérêts pour m'exposer à la haine des méchans.

Depuis longtems je pouvais satisfaire le ressentiment qu'on

(14)

me suppose vis-à-vis le préfet Gisquet , et le faire avec avantage pour moi , plusieurs fois on m'a offert de l'argent pour
les révélations que je n'ai faites qu'en partie devant le jury ,
mais jamais de telles combinaisons ne sont entrées dans ma
tête, et tous mes antécédens politiques sont là pour attester
que chaque fois que j'ai eu occasion de démasquer ou d'at-
taquer une autorité coupable, je l'ai fait sans autre désir que
de servir mon pays. Oh! certes, si j'avais été mû par les sentimens de cupidité qu'on pourrait me supposer , M. Gisquet
a été trop abondant dans ses calomnies contre moi pour avoir
oublié de prendre sur moi ce terrible avantage. Dans cette circonstance , son silence est ma justification.

(4). — L'homme est drôlement fait. Quand donc y aura-t-
il prescription d'une accusation tombée, et respect de la chose
jugée ? C'est pourtant un magistrat, président des assises, un
homme distingué dans la science du droit, qui cherche à jet-
ter de l'odieux sur un témoin, parce que ce témoin est défa-
vorable à l'autorité. Il ne fallait pas remonter à dix ans pour
savoir si le jury devait me croire, il fallait simplement entendre mes témoins, M. Taïllandier ne l'a pas voulu ; je ne sais
si dans cette circonstance il a garanti comme il le voulait la
considération de M. Gisquet, conseiller-d'état, chevalier de
la Légion-d'Honneur, investi de la confiance de son roi ?
Pour ce magistrat, le préfet et le roi, je le désire. En droit,
n'y avait-il pas là diffammation envers moi ?

(1) C'est ici une de ces mille absurdités qui se propagent
et s'admettent sans examen, même chez des gens qui passent
pour sages. J'en ai trop souffert pour ne pas tout dire ici , et
donner une leçon à ces directeurs de l'opinion publique toujours si disposés à s'élever contre les fausses préventions,
lorsqu'eux seuls en sont victimes, et toujours si froids à défendre autrui.

En 1822, j'avais, avec le libraire A. Corréard, publié une
biographie plus patriote et plus indépendante qu'aucune de
celles qui ont paru. Il y eut rumeur dans le camp de la gent
écrivassière du *Constitutionnel*, et ces messieurs prétendirent
qu'il n'y avait que la police qui pût dire du mal d'eux ; qu'é-
crire contre eux s'était s'avouer agent de police, etc. Cependant nous n'inventions pas les faits à leur honte ; nous les ra-
contions et pensions servir la cause constitutionnelle natio-
nale, en démasquant ces pachas littéraires. M. Tissot, entre
autres, fut l'un des plus acharnés contre moi, parce que,
dans le prospectus tiré à cent mille exemplaires, j'avais in-
séré le passage suivant, à l'occasion du meurtre de Ferraud ,
massacré le 1er. prairial an 3 (20 mai 1795), à la Convention

dont il était membre : « Nous avons eu plus d'une fois l'occasion de remarquer que M. Boissy-d'Anglas évite avec le plus
grand soin la présence d'un des principaux rédacteurs des
journaux soi-disant libéraux, qui lui rappelle l'infâme trophée
que les furieux ont fait de la tête de l'infortuné Ferraud. On
cite à cet égard un mot assez heureux. La même personne
dont nous venons de parler, et *qui n'a jamais pu se justifier* du
reproche qu'on lui a adressé d'avoir pris part à cet exploit, en
promenant la tête de la victime, placée au haut d'une pique,
disait à un homme qui ne partage pas ses opinions : « Monsieur, vous portez aujourd'hui la tête bien haut ! — Celle-là
du moins m'appartient, répondit l'interpellé. » M*** tourna
les talons, et sortit sans rien dire.

Par suite de cette ligue entre gens intéressés à étouffer notre
patriotique entreprise, les journaux d'alors, soumis à la coterie
littéraire, ne publièrent rien sur nous, mais, en revanche,
répandirent le venin de la plus lâche calomnie. A cette coterie
a succédé la camaraderie politique dans laquelle se retrouvent
en partie les mêmes hommes. Je ne fais pas plus partie de
celle-ci que je n'ai fait partie de l'autre ; de là cet abandon
d'hommes qui exploitent la presse financière pour eux et leurs
amis, et préfèrent perdre un patriote utile, que de prendre
sa défense et se l'attacher. Charlatanisme partout ! Que de
Thiers, de Barthe, de renégats je devine encore.

M. Taillandier, en me demandant si je n'avais jamais fait
partie de la police, et ne me laissant pas la liberté de répondre, attache donc du mépris à cette profession ? certes, ce
n'est pas moi qui l'en blâme ; mais si je me surprends à sou-
rire malgré moi en me rappelant que ce président des assises
m'adressait cette question incriminatoire en présence du chef
de la police qui venait de déclarer qu'il ne m'avait pas jugé
digne de *sa* confiance, que j'avais refusé d'exercec des fonctions qui ne sympathisaient avec mes principes ; que je n'a-
vais jamais sollicité de récompense ; et qu'enfin je n'avais
jamais, à la Préfecture de Police, fait acte d'agent patent ou
occulte, mais travaillé, chez moi, à des occupations maté-
rielles et utiles au préfet seul : c'est-à-dire à l'analyse suc-
cincte des journaux. Croira-t-on que si, en disant vrai enfin
M. Gisquet eût pu me salir cette fois, il ne l'eût pas fait ?
Ainsi tombe d'elle-même, et dans des circonstances où je
n'avais rien de favorable à attendre du préfet de police, cette
vieille accusation qui a pris naissance dans les bureaux du
Constitutionnel, et qui, rapprochée du nom de M. Tissot que
j'ai toujours vu fréquenter, le matin de bonne heure, le cabinet particulier de tous les préfets de police, me prouve que

la calomnie est encore à l'ordre du jour dans plus d'un bureau de rédaction.

(6) M. Gisquet a poussé la témérité du mensonge jusqu'à dire à l'un des membres de la Commission pour les délits politiques, que je n'avais jamais été condamné en ce sens, et que c'était à tort que je me présentais comme une victime de la restauration. Un chef de police qui en impose ainsi mérite un nouveau démenti; et, cette fois, ce ne seront pas des témoins que je ferai entendre. Sous la restauration j'ai, en onze à douze ans, soutenu comme écrivain ou journaliste dix-sept accusations; j'ai été condamné neuf fois, soit à l'amende soit à la prison; et, au 27 juillet 1830, j'étais libre sous caution pour un dernier procès de la presse; le 28, j'étais l'un des rédacteurs du gouvernement provisoire établi à l'Hô el-de-Ville, et, depuis, j'ai suivi de loin la fortune des Lafayette, Odilon-Barrot, Mauguin, Dupont (de l'Eure), et tant d'autres généreux patriotes repoussés par les doctrinaires. J'ai fondé, comme écrivain, les deux premiers journaux libéraux qu'ait eus la province, et personne ne niera les services que la presse départementale a rendus à la France depuis 1814 jusqu'à 1830.

Tels sont mes titres, telle est ma vie. J'attends sans crainte le jugement des hommes raisonnables.